# BIOGRAPHIC
# MONET

# 莫奈传

[英] 理查德 · 威尔斯　著
温翔然　译

江西美术出版社
全国百佳出版单位

# 莫奈传

[英] 理查德·威尔斯　著
温翔然　译

图书在版编目（CIP）数据

莫奈传 / (英) 理查德·威尔斯 (Richard Wiles)著；温翔然译.
-- 南昌：江西美术出版社, 2018.11
ISBN 978-7-5480-6343-8

Ⅰ. ①莫… Ⅱ. ①理… ②温… Ⅲ. ①莫奈(Monet,Claude 1840-1926) - 传记 - 青少年读物 Ⅳ.①K835.655.72-49

中国版本图书馆CIP数据核字(2018)第194102号

# Biographic Monet

by Richard Wiles



出 品 人 \ 周建森
策　　划 \ 李国强
责任编辑 \ 李国强
书籍设计 \ 郭　阳
责任印制 \ 谭　勋

出　　版 \ 江西美术出版社
社　　址 \ 南昌市子安路66号
网　　址 \ www.jxfinearts.com
电　　话 \ 0791-86566329
邮　　编 \ 330025
经　　销 \ 全国新华书店
印　　刷 \ 浙江海虹彩色印务有限公司
版　　次 \ 2018年11月第1版
印　　次 \ 2018年11月第1次印刷
开　　本 \ 889 × 1194　1/32
印　　张 \ 3
ISBN 978-7-5480-6343-8
定　　价 \ 45.00元

# 目录

# 标志性

当我们可以通过一系列标志性图像辨识出一位艺术家时，我们也就知道了他对我们文化和思想的影响到底有多深。

# 介绍

一位慈祥的老人站在画架前，他身着洁净的白色三件套西服，银白色的胡须，头戴一顶巴拿马草帽，嘴里叼着一根香烟。他用油画把波光潋滟的睡莲池，以及背景里摇曳的树丛、灌木和各国珍奇植物尽收笔端。他在油画布上快速涂抹着，捕捉着景色一瞬的变化，然后从架在左臂的画板上换了一支笔，继续创作。

这是当时年轻的法国导演萨沙·吉特里（出生于俄国）拍摄的《我们的沃土》里的一个画面，这部拍摄于1915年的无声纪录片，为我们呈现了莫奈74岁时的形象，当时他已经步入暮年了。这个镜头捕捉到的是那个时代最优秀的画家充满魅力的一瞬间。自1883年莫奈搬到位于法国北部上诺底地区的吉维尼小镇后，这个情景无数次地上演。直到1926年去世，他在自己盖的房子和花园中度过了余下的时光。

不论莫奈遭遇了何种不幸，包括他晚年所患的眼疾，他始终是个乐观自足的人。他也被无尽的渴望推动着，在画布上尽可能地捕捉周围自然的每一丝变化。

在莫奈5岁的时候，全家从他的出生地——巴黎迁到了诺曼底的海边。莫奈那时非常叛逆，经常旷课去校外玩耍。自从受到当地风景画家欧仁·布丹的指导之后，莫奈把大量的工作和时间花在拥抱大自然上面。布丹发现了这个男孩儿的天赋，鼓励他把当时所痴迷的讽刺漫画先放在一边，而是多画风景画——不要在画室里，要去拥抱自然。

即使巴黎最权威画室的正规美术教育，也无法限制这个天马行空的男孩，他更痴迷于户外的河堤与美景。莫奈和他的朋友雷诺阿、西斯莱和毕沙罗一起，发展出被后世称赞的一种新风格——印象主义，但这个名字最初却有一些诋毁的含义。

印象主义多是对普罗大众日常生活的描绘，画面中不断变换的场景和环境，是对官方以注重结构，描绘历史事件为主导的风格的一种强烈的冲击。印象派画家尝试去理解和描绘光线在物体上的呈色效果，以及颜色之间是如何相互影响的。他们把这个理论应用在画面上，直接在油画布上用急速的笔迹混合出复色，而不是在画板上先调好了颜色再画上去。

“颜色像永恒的烦恼一样追逐着我。他们甚至在我睡觉时打扰我。”

莫奈早年的画家生涯经历了经济上的困难，以及遭到了当时艺术权威——巴黎官方沙龙展的拒绝。当时他还未成婚，需要供养自己的生活，但却被自己的父亲疏远（当时父亲拒绝接受莫奈的女友和选择的事业），身无分文的莫奈不得不接受他那些更有钱的朋友和同伴的救济。

最终，印象派作为一种新的风格被大众所欣赏，在守旧派那里也勉强得到了承认。莫奈获得了巨大的成功，他的作品成了艺术市场的宠儿。这样，他就得以在吉维尼小镇安家——确切地说，自此之后，他开始了宏大的风景画创作。莫奈在自己培育的花园里建造了著名的池塘，里面种满了珍奇的睡莲。

这个题材变成了他接下来20年绘画的一个主题，据此，他以惊人的创造力创作了200多幅油画作品。

让莫奈超越于他同辈画家的是他系列画的绘画方式：以近乎痴迷的热情，在一天内不同时间或不同光线以及天气条件下，对同一个风景进行多个版本的描绘。他的巨幅睡莲题材的作品，使用迅捷的线条试图捕捉精微的细节，最后组合成一幅丰富而明确的景色印象，呈现在观者面前。

即使视力的衰退也没有阻止莫奈的前行，他继续创作，无意之中却改变了自己绘画的面貌——更加趋向于抽象。虽然白内障手术和矫正眼镜帮助他恢复了视力，但是他的绘画已经呈现出了不同于之前色彩感受的显著变化。

“对于一个只对画画感兴趣，除此之外别无他求的人能说什么呢？如果一个人一生只有一种爱好，这样是有些遗憾。但是其他事情我也做不了，我只有这么一个爱好。”

1918年，在第一次世界大战最后签署停战协定后的一天，莫奈承诺捐赠一系列作品给法国国民，作为他的“对和平的纪念”，因此开始了一项宏大的任务。虽然这个作品最终没有全部完成，但现在却吸引着来自世界各地的观众去巴黎的橘园美术馆欣赏这一系列作品。这批巨幅睡莲系列作品陈列在这里，是对这位改变世界的画家一个合适的致敬。

克劳德·莫奈

# 01
# 生活

“我并没有变成一名印象派画家，只要我记得本来就是它的一部分。”

——克劳德·莫奈

# 克劳德·莫奈

**于1840年11月14日，在法国巴黎出生。**

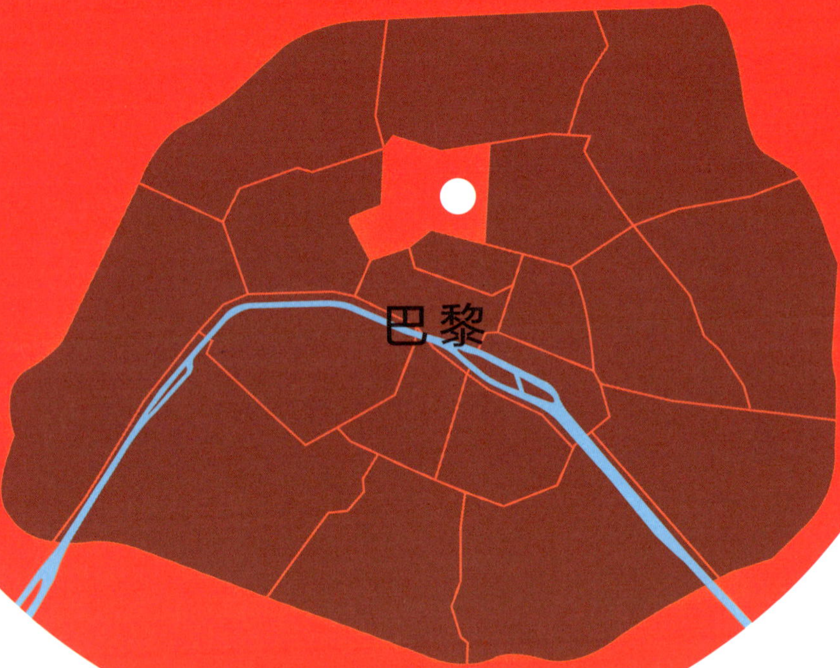


莫奈出生于法国巴黎的第九区，拉菲特街45号的五层，是第二代巴黎人——克劳德·阿道夫·莫奈和路易斯·贾斯汀的第二个儿子。

1841年11月20日，在他刚刚过完1岁生日的时候，这位艺术家在洛雷特圣母院接受了宗教受洗，并起名奥斯卡-克劳德。莫奈被自己的父母和哥哥莱昂称为奥斯卡。

其他著名的巴黎人包括 ▶
西蒙娜·德·波伏瓦、伊迪丝·琵雅芙和
莫里斯·切瓦力亚 (如右图)

法国

## 在莫奈出生的……

# 11月14日

**1524** 西班牙征服者法兰西斯克·皮泽洛，开启了第一次战胜哥伦比亚地区南美洲印加帝国的远征。

**1680** 1680年大彗星（众所周知的基尔希彗星或者牛顿彗星）被一位德国天文学家戈特弗里德·基尔希发现，这是第一颗由望远镜所发现的彗星。

**1832** 可以载客30人的第一个马车铁道，在纽约投入使用。

**1851** 赫尔曼·梅尔维尔的小说《白鲸》是一个讲诉船长亚哈对白鲸的复仇故事，这个白鲸摧毁了船只并且咬断了船长的腿。这部小说在美国由哈珀出版社出版。

**1922** 英国广播公司开始在英国提供广播服务。

**1952** 《新音乐快递》发布了第一个英国单曲排行榜。

**1956** 前苏联镇压了匈牙利起义。

**1969** 美国国家航空航天局发射了阿波罗12号，这是人类第二次载人登月。

**2012** 糖果传奇游戏软件在智能手机上发布。

**12月2日 美国**

美国辉格党候选人威廉·亨利·哈里森就任美国的第9任总统。在就任后的第30天，他死于肺炎，享年67岁。

从1830年以来，美国的铁路长度10年来从100英里（161公里）增长到3500英里（5633公里）。

**5月1日 法国**

政治家、历史学家路易-阿道夫·梯也尔，作为法国1830年七月革命和1848年法国二月革命的关键人物，成为第二位被选举出的法国总统，担任法兰西第三共和国首任总统。

# 1840 年的世界

**5月1日 英国**

大英帝国发布了世界第一枚可粘贴的邮票——“黑便士”。

**6月12-23日**

第一次世界反奴隶制大会在英国伦敦的埃克塞特大厦召开。

**9月30日**

护卫舰贝勒-普勒号运送着拿破仑的遗体，从圣赫勒拿岛抵达法国的瑟堡，最后安葬在巴黎的荣军院。

**2月10日**

英国女王维多利亚嫁给了她的表弟萨克森——科堡与哥达的阿尔伯特亲王。

**1月22日 新西兰**

跟从之前到来的一群移民，150位英国拓荒者乘着奥罗拉号到达新西兰，正式建立了惠灵顿。四个月后，新西兰宣布成为英国的殖民地。

# 莫奈家谱

莫奈的父亲克劳德·阿道夫是一位巴黎杂货商，他的母亲是一位歌手。他有一个哥哥，莱昂·帕斯卡。1870年，莫奈和他的模特卡米耶·东西厄结婚，三年之后，他们的第一个孩子让出生。卡米耶在她的第二个孩子米歇尔出生不久后就离世了。在非传统的家庭安排下，莫奈的赞助人，艺术收藏家欧内斯特·霍斯盖在破产之后，全家搬到了莫奈的住处。卡米耶去世之后，欧内斯特的妻子爱丽丝帮助莫奈抚养小孩，同时还有她自己的六个孩子。1891年，在欧内斯特去世之后，爱丽丝在第二年嫁给了莫奈。

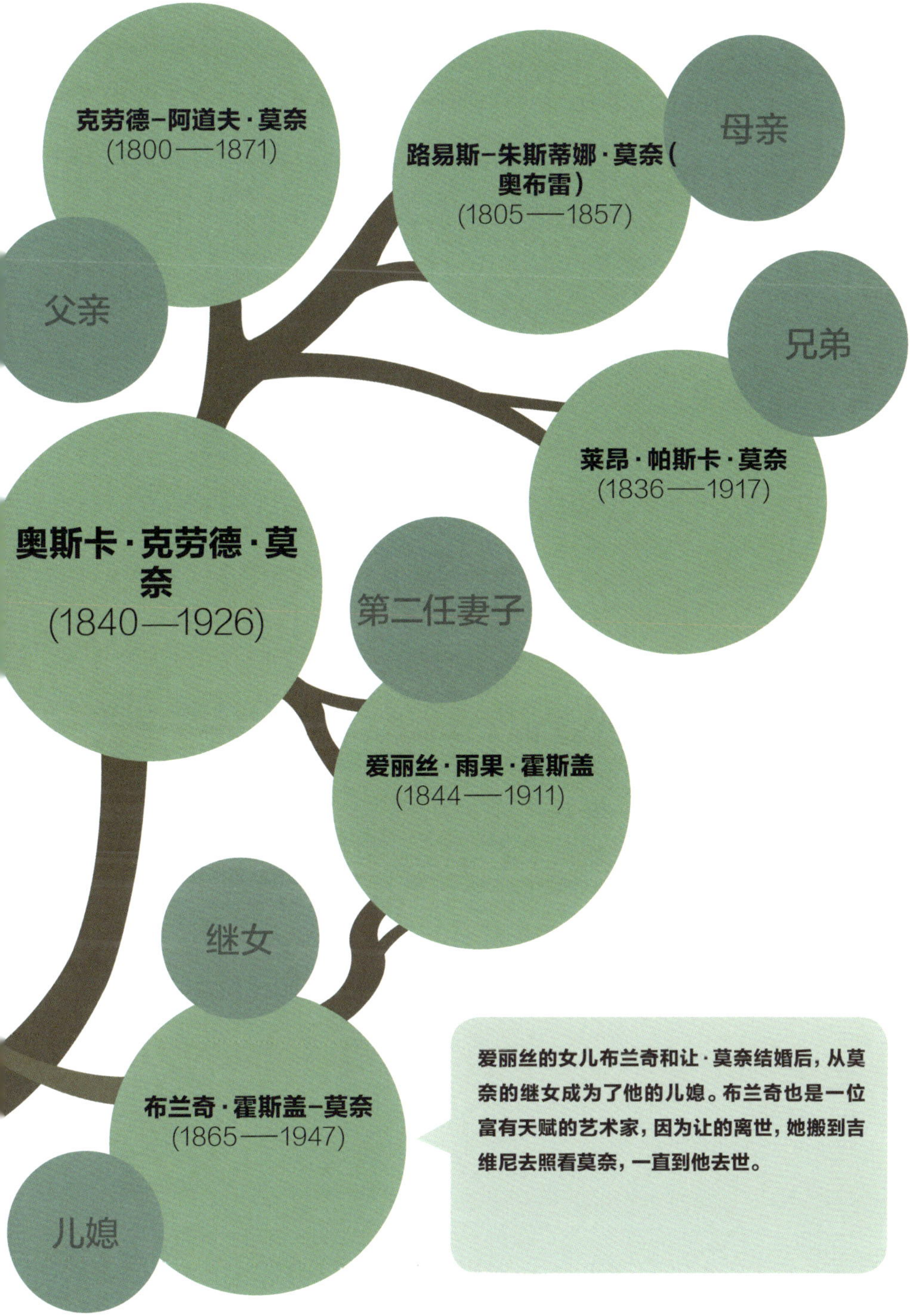


爱丽丝的女儿布兰奇和让·莫奈结婚后，从莫奈的继女成为了他的儿媳。布兰奇也是一位富有天赋的艺术家，因为让的离世，她搬到吉维尼去照看莫奈，一直到他去世。

# 少年莫奈

> “我的童年是自由的，我生来放荡不羁。”

——克劳德·莫奈，《时报》
1900年11月26日

## 1845

莫奈举家搬到诺曼底的海边小镇——勒阿弗尔，他的父亲克劳德-阿道夫在他的妹妹玛丽·珍妮的丈夫雅克·莱卡德烈那找到了一个杂货铺的工作，并一起经营着一家船具杂货店。莫奈的父亲希望他的小儿子可以经营家里的生意，但是这个男孩儿却一心想着成为艺术家。

## 1851

4月1日，10岁的莫奈进入到勒阿弗尔的中学跟随雅克·弗朗索瓦·奥夏德学习艺术课程，这位老师曾经是新古典主义著名画家雅克·路易·大卫的学生。

# 不羁的童年

让莫奈的父亲失望的是，莫奈讨厌课堂的约束。他频繁地旷课，跑去外面玩耍，在沙丘上奔跑，在岩间呼吸新鲜空气，或者在海边嬉戏。当他回到课堂的时候，他又在课本的空白处胡乱涂画一些图案和老师的漫画形象。

## 1855

15岁的莫奈因为给镇上居民画漫画而出名。他的漫画在艺术商店的橱柜里陈列着，莫奈给每幅作品定价是10—20法郎：“根据我是否喜欢客户的长相”。

## 1857

1月28日，莫奈的母亲在他年仅16岁的时候就离世了，她生前非常支持莫奈对艺术的热情。

## 1858

9月30日，在姑父雅克·莱卡德烈去世之后，莫奈离开了学校，同富裕且没有子女的姑姑——玛丽·珍妮生活在一起。

"有一天布丹对我说，'学着好好描绘和欣赏大海、光线和蓝色的天空'，我接受了他的建议。"

——1920年，莫奈对朋友也是评论家格斯塔夫·格夫雷指出布丹对他的影响

大约在1857年，莫奈在诺曼底海滩碰到了当地的艺术家欧仁·布丹，他是描绘户外景色的第一批法国风景画家之一。布丹比莫奈年长16岁，他成为了这位年轻艺术家的良师益友，并说服他放弃了年轻时候喜爱的讽刺漫画，教会他油画和户外绘画的技法，这种方法也塑造出了莫奈作品的基本风格。

# 艺术的开始

## 1859

为了追求艺术，19岁的莫奈搬到了巴黎，成为了法国瑞士学院的一名学生，他在这里碰到了艺术家卡米耶·毕沙罗。

## 1861

莫奈被编入非洲轻骑兵团第一团，准备履行七年的兵役义务，该兵团驻扎在阿尔及利亚的阿尔及尔。

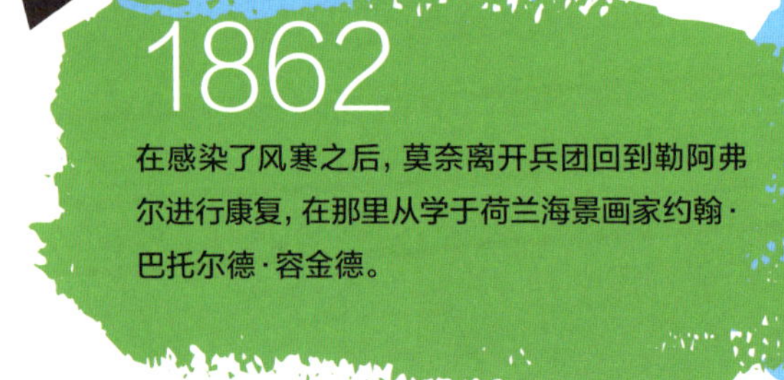

## 1862

在感染了风寒之后，莫奈离开兵团回到勒阿弗尔进行康复，在那里从学于荷兰海景画家约翰·巴托尔德·容金德。

## 1862

回到巴黎，莫奈被送到图卢兹，从学于瑞士画家夏尔·格莱尔。他和同学奥古斯特·雷诺阿、阿尔弗莱德·西斯莱、弗雷德里克·巴齐耶交好。他们在户外光线下尝试绘画技巧的实验，用了撞色和急速的笔触，这些都是印象派形成的技法基础。

## 1862

姑姑玛丽·珍妮·莱卡德烈在经济上干涉莫奈并让他离开，除非同意接受他堂妹的丈夫——艺术家奥古斯都的指导。

# 艺术 生活

◀《穿着绿衣的卡米耶》

▼《特鲁维尔退潮时的防波堤》

## 1866

莫奈描绘他的爱人卡米耶·东西厄的作品——《穿着绿衣的卡米耶》参选了年度官方沙龙展。

## 1867

莫奈和卡米耶的儿子让出生，巴黎拮据的生活迫使莫奈舍下妻儿去了诺曼底的圣阿德雷斯，和自己的姑姑一起生活。

## 1867

达到了初步的成功之后，莫奈依靠巴吉尔的画商，这个画商允许他和雷诺阿一起使用自己的画室。

## 1870

莫奈遇见了保罗·杜兰德-鲁埃尔，他在邦德街开了一家画廊并陈列了莫奈的作品《特鲁维尔退潮时的防波堤》。

## 1870

莫奈和卡米耶于1870年6月28日结婚。

玛丽·珍妮姨妈去世，普法战争开始了。

穷困潦倒的一家人逃到了伦敦。

# 做一个印象

## 1874年 4月15日
## 第35大道
## 卡普希纳，巴黎

为了在官方沙龙外展示他们的作品，莫奈、毕沙罗、西斯莱和雷诺阿组成了一个独立的艺术家协会——无名艺术家、画家、雕塑家和版画家协会。他们的第一次展览是在纳达尔的摄影工作室举办的，纳达尔的本名叫戈斯帕德-费利克斯·图尔纳雄，他是一位摄影师、漫画家、记者、小说家和热气球驾驶员，这个展览后来也被称为“印象主义者展览会”。莫奈展出的《日出·印象》让评论家路易斯·勒罗伊在《喧嚣》杂志上发表了评论，给这个团体贴上具有讽刺意味的“印象”标签。

卡普希纳位于巴黎的第二区和第九区之间，是巴黎的四个“格兰德大道”之一，它是一个东西向的林荫大道，包括马德兰大道、意大利大道和蒙马特大道。

它的名字与法国大革命前，南部的一个修女修道院有关。

“印象——我很确定这一点。我只是告诉自己，既然我印象深刻，那就必须给我留下一些印象……多么随意，多么没有技术含量！就是壁纸图案的草稿都比这个海景画更加完整。”

——路易斯·勒罗伊，《喧嚣》杂志社，1874年4月25日

莫奈

RUE DES CAUMARTIN
RUE SCRIBE
OPÉRA
BOULEVARD DES CAPUCINES
RUE CAMBON
RUE DES CAPUCINES
RUE DE LA PAIX
AVENUE DE L'OPERA
Nadar

# 莫奈其人

1871

在他父亲离世后，莫奈离开伦敦去了荷兰的赞丹画画，后来又回到巴黎，在塞纳河畔的阿让特伊租了一间房子。

1872

杜兰德-鲁埃尔购买了许多莫奈的画作，并在伦敦展出。莫奈用他挣得的资金把一艘船改装成一个流动的工作室。

1873

莫奈、毕沙罗、西斯莱和雷诺阿，组成了“无名艺术家、画家、雕塑家和版画家协会”，不过在第二年就破产了。

1876

在杜兰德-鲁埃尔画廊举办的第二场印象派画展中，展出了莫奈的18幅作品，但公众的反应却是充满敌意的。同年，卡米耶患了结核病。

1877

古斯塔夫·卡勒波特买下了莫奈的作品，并在圣拉扎尔附近为莫奈租了一间画室，莫奈在第三届印象派画展上的很多作品都是以这个地区为主题的。

1878

莫奈的第二个儿子米歇尔出生了。莫奈在塞纳河畔的韦特伊租了一所房子。在霍斯盖破产后，霍斯盖和他的妻子爱丽丝，以及他们的六个孩子搬到了莫奈家里。

1879

卡勒波特资助了第四届印象派画家的展览，其中包括了莫奈的29幅作品。卡米耶在长期患病后去世。

## 1883

5月，由于家庭成员的增加，莫奈在塞纳河畔的吉维尼租了一套更加宽敞的房子，并把谷仓改造成了自己的工作室。

## 1891/1892

欧内斯特·霍斯盖去世，爱丽丝和莫奈在第二年结婚。

## 1893

随着莫奈越来越富有，他买下了吉维尼的一所房子，以及周围的土地和水塘，在这里建造了一片睡莲池塘。

## 1899

莫奈开始创作以池塘、睡莲和日本桥为题材的作品，这些作品在他接下来20年里占据了重要的位置。

## 1911

爱丽丝去世，莫奈由她的女儿布兰奇照顾。同年，他开始出现白内障的症状。

## 1914

莫奈的大儿子让去世了。莫奈画了一系列壁画（以大小的睡莲为题材的作品），并建造了一个新的工作室来存放它们。

## 1920

莫奈宣布他将捐赠12幅睡莲题材的作品给国家，这些作品将永久地陈列在巴黎的橘园美术馆里。

## 1923/1924

莫奈做了两次白内障切除手术。他带着矫正眼镜，尝试着完成睡莲题材的壁画作品。

# 日趋衰弱的视力

莫奈痴迷于自己对光线、色彩和细节的极致敏感，但是在1912年，他的双目确诊为白内障，这导致他眼睛的晶状体变得浑浊，呈现出淡黄色。

由于视力衰退，莫奈在调颜料的时候，不得不记住调色盘上颜料的位置，以及颜料标签上的名字来选择颜色。他这个时期的作品，色调变得含混，画面结构模糊，尤其是《日本桥》(1924)那幅作品，他用了非同以往的大笔触和强烈的色彩。

格莱尔让莫奈戴上宽边的巴拿马草帽，回到自己的画室里，只在中午工作。

评论家认为莫奈的作品变得越来越抽象，这算是对他视力问题的一种补偿，但这却是无意识的，而不是有意地去改变风格。1923年他做完白内障手术后，戴着新买的眼镜，恢复了原来的绘画风格，他也毁掉了许多视力有问题时创作的作品。

**当莫奈患上白内障的时候，他看到了和往常不同的颜色——白色变成了黄色，绿色变成了黄绿色，红色变成了橙色，蓝色和紫色变成了红色和黄色。形状也变得模糊，莫奈无法辨认出物象的细节。**

患白内障之前

患白内障之后

# 艺术家过世

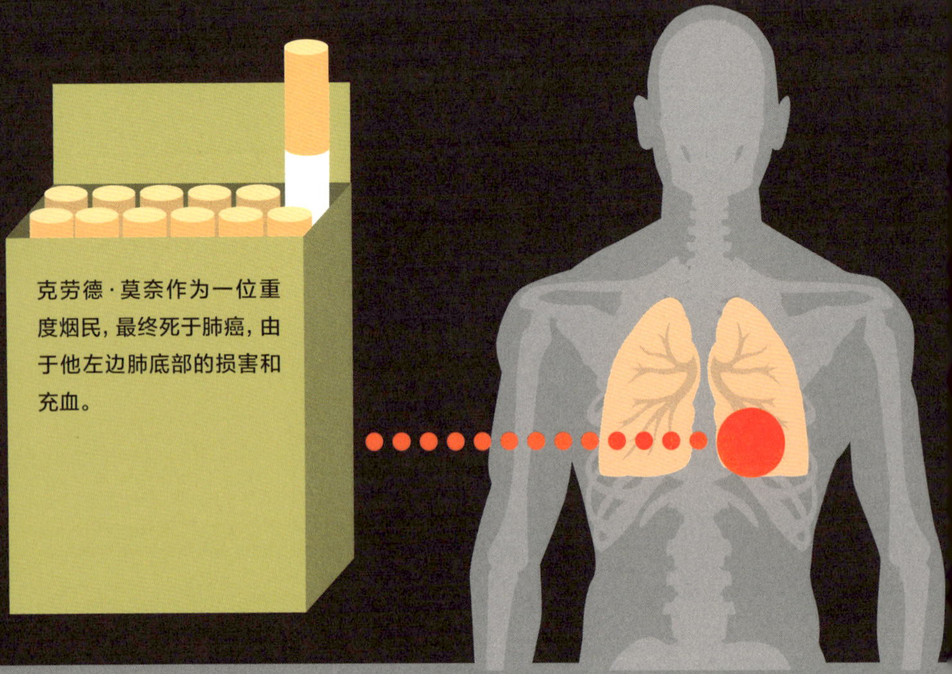


莫奈埋葬在吉维尼圣·拉德贡德教堂的墓地，离他的家只有10分钟的距离。正如莫奈希望的那样，葬礼的仪式非常简单，大约有50人参加。

莫奈家族的墓地四周种满了鲜花，会随着四季而变化。莫奈不仅与他第二个妻子爱丽丝（Alice），儿子让、米歇尔以及他们的妻子葬在一起，而且有点异乎寻常的是，爱丽丝的第一个丈夫欧内斯特·霍斯盖也葬在了这里。由于欧内斯特过世较早，他的孩子们被莫奈抚养长大，也希望欧内斯特葬在身边。

苏珊娜去世的时候，她自然应该需要葬在自己父亲身边。爱丽丝去世的时候，和她的女儿葬在了一起。莫奈是后来去世的，和爱丽丝也葬在了一起。

**这里是**
**我们最亲爱的**
**克劳德·莫奈**
**出生于1840年11月14日**
**去世于1926年12月5日**
**我们永远怀念他**

**莫奈葬在他们身边：**
**爱丽丝(第二任妻子)**
**让(儿子)和他的妻子**
**米歇尔(儿子)和他的妻子**
**苏珊娜(爱丽丝的女儿)**
**欧内斯特·霍斯盖**
**(爱丽丝的第一个丈夫)**

克劳德·莫奈

# 02 世界

“除了绘画和园艺……

……我一无所长。”

——克劳德·莫奈

# 生命之流

在莫奈大部分的生命时光当中，他一直被蜿蜒的塞纳河所吸引。他的艺术创作灵感也源自这条河流。沿岸两侧的村落与河流一同延伸到河口，莫奈最出色的作品正是来源于此。同时，也是他人生低谷时期代表作的创作来源。在1868年，莫奈因经济困难而感到绝望，他沉入河中，试图以这样的方式结束自己的生命。

## 01 阿让特伊

1871—1878

莫奈在阿让特伊租了一个房子，并把一艘小船改装成一间流动的工作室。

▲《工作船》
布面油彩，1874年
19英寸 x 25英寸（50cm x 65 cm）

## 02 弗特伊

1878—1880

一栋漂亮的粉红色房子和一个沿河生长郁郁葱葱的花园，这些都是莫奈许多作品中特定的景象。

▲《塞纳河岸，弗特伊》
布面油彩，1880年
29 英寸x 40英寸（73cm x 100 cm）

## 03 普瓦西

1881—1883

莫奈在河边租了一幢很大的宅邸——圣路易斯别墅，这已经超过了他的财力范围。受到非传统的家庭安排以及财政问题的困扰，莫奈只在“可怕的普瓦西”居住了很短的时间。

## 04 韦尔农

## 1883

当莫奈坐火车去他在韦尔农租的房子时，他第一眼瞥见了2.5英里（4千米）之外的吉维尼。

## 05 吉维尼

## 1883—1926

“苹果酒之家”成为了莫奈的家园工作室和花园基地，以及莫奈创作出最伟大作品背后的灵感缪斯。

▲《吉维尼的塞纳河》
布面油彩，1897年
32英寸 x 40英寸（81cm x 100 cm）

长度

483英里（777公里）

我一生都在画塞纳河，在每个时辰，在每个季节。我从未厌倦：对我而言，塞纳河永远都是新的。

——克劳德·莫奈，1924

# 莫奈的数字

## 1个哥哥

莱昂·莫奈（1836——1917）住在鲁昂，他是一位化学家。

## 2个妻子

卡米耶·东西厄死于1879年，享年32岁。他们结婚在一起共度了9年。

爱丽丝·霍斯盖死于1911年，享年67岁。他们结婚在一起共度了29年。

## 2个孩子

跟卡米耶·东西厄所生

## 6 个继子女

莫奈第二任妻子爱丽丝的前一任丈夫在1891年去逝后，他们的孩子由莫奈抚养。

## 5 个家

在搬到吉维尼之前，莫奈和他的第一任夫人卡米耶在勒阿弗尔、巴黎、埃特尔达、阿让特伊和韦特伊都居住过。他们四处搬家，而且经常选择在深夜，以避开那些因他欠债而愤怒的房东和债主。

## 43 年居住在吉维尼

莫奈于1926年去逝，享年86岁。他生命中的大半时光都是在吉维尼的家中度过的。

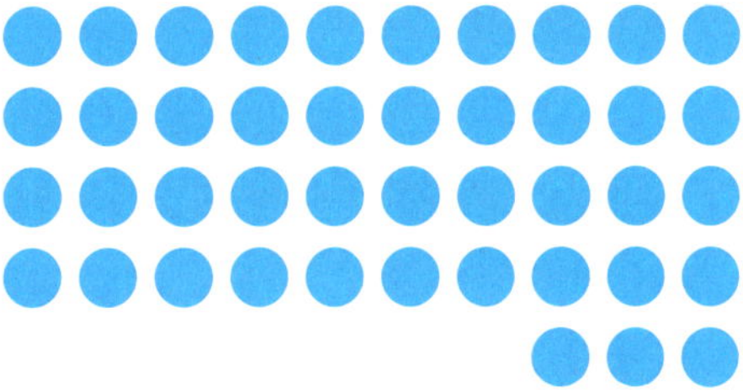

# 移动的莫奈

虽然莫奈大部分时光在塞纳河岸度过，但他也去更远的地方探险。无论是雾气迷蒙中伦敦的桥梁，荷兰的风车（在荷兰，人们还怀疑他从事革命活动），还是威尼斯的运河，或是挪威的山脉，在他的系列作品中都可以看到这些旅行的痕迹。

## 伦敦

1870年法国普鲁士战争爆发时，莫奈在伦敦避难。他研究了约翰·康斯太勃尔和透纳的作品，并于1899年至1905年再次回到这座城市。沉浸在伦敦的雾气中，莫奈绘制了《查令十字桥》《滑铁卢大桥》和《国会大厦》这些经久不衰的系列作品。

## 鲁昂

在1892年至1893年期间，莫奈在鲁昂大教堂的街道上租了一个地方，在那里他画了30多幅油画，并于次年在吉维尼重新制作。

## 克勒兹河谷

1889年，莫奈在法国的中央高原游览弗雷瑟利内时，看到克勒兹河谷的壮观景象，因此受到启发，开始创作他的系列画作。

## 昂蒂布

和许多画家一样，莫奈被法国南部的风光所吸引。1888年，莫奈花了近四个月时间，在海滨度假胜地昂蒂布的周围绘制了约40幅作品，这也是他后期系列作品的先驱。

## 挪威

1895年，莫奈和他住在克里斯丁亚那(奥斯陆的旧称)的继子雅克·霍斯盖旅行至挪威。莫奈被这个国家深深地吸引，但是由于不会滑雪，他很难在雪景中找到完美的绘画主题，对此他感到十分沮丧。尽管如此，在他停留的两个月期间，仍然创作出29幅风景作品。

## 阿姆斯特丹

1871年，莫奈在荷兰的赞丹和附近的阿姆斯特丹度过了六个月的时间。他画了25幅风车和运河题材的油画，并于1874年再次回到那里。

## 威尼斯

1908年，莫奈和爱丽丝一同前往威尼斯，他热爱这座城市。在那里，莫奈共创作了37幅油画，认为这些作品“仅仅是试验和开端”。两年后，他在工作室里完成了这些画，描绘了像大运河和总督宫这样的标志性风景，所呈现出来的景色就像旅游明信片一样。

## 博尔迪盖拉

1884年初，莫奈前往意大利河岸的博尔迪盖拉，那里靠近法国和意大利的边界。他原本打算只呆三个星期，结果却停留了三个月。

## 莫奈的家

- **巴黎** 1840—1845
- **勒阿弗尔** 1845—1859
- **阿让特伊** 1871—1878
- **弗特伊** 1878—1880
- **普瓦西** 1881—1883
- **韦尔农** 1883
- **吉维尼** 1883—1926

# 克劳德·莫奈
# 1840—1926

克劳德·莫奈和奥古斯特·雷诺阿是同龄人，他们的生日仅相差三个月。1862年，在巴黎的夏尔·格莱尔艺术工作室学习时，两人相识并成为了亲密的朋友。他们经常在户外一起作画，描绘相同的主题，并分享各自的风格技巧和处理艺术的新方法，后来人们称之为印象主义。但是，他们的艺术是如何分化为各自独特的风格呢？

## 家庭

父亲：杂货商人

母亲：歌手

兄弟姐妹：1

## 调色板

5种颜色

## 艺术教育

都跟着夏尔·格莱尔学习

## 主要媒介

都是布面油彩

## 早期风格

用撞色来描绘光线、水和光的反射，并强调室外阴影里的色彩。

## 家庭

父亲：裁缝

母亲：裁缝

兄弟姐妹：6

## 调色板

6种颜色

## 晚期风格

松散的笔触，较少拘泥于物象的外形，更加抽象，晚年也更倾向创作大尺幅的油画。

## 主题

在不同的光线和天气条件下的山川海景，以及一些系列作品（例如《干草垛》《睡莲》）。

### 代理人

保罗·杜兰德-鲁埃尔

# 奥古斯特·雷诺阿

1841 - 1919

## 主题

风景，具象作品，家庭场景，裸体和女性感性的图像。

## 晚期风格

画面紧凑，古典的黑色轮廓线，用黑色加强对比，较少关注笔触，更多地注意形式和轮廓。

# 性格研究

莫奈是一个固执己见的人，当事情没有按照他的方式发展时，莫奈就会生气。同时他也是一个保护自己隐私的人。虽然他有很强的职业精神，但并不认为绘画只是一份工作，而是他毕生的事业。

> 无论我描绘的教堂、伦敦，或是其他作品是否来源于生活，都和他人无关，也都不重要。
>
> ——克劳德·莫奈

## 顽固

当莫奈听说他正在创作《白杨》系列的那片土地将要被出售，树木也将被砍倒。莫奈就买下了这块地，这样他就可以继续安心地创作，不被外界打扰。

24

**幅《白杨》**

## 执着

让他在不同的天气条件下，不同季节，不同时间里无数次记录同一个主题，光感如何影响色彩。莫奈的系列绘画显示出了他的执着，这种执着促使他无数次重复同一个主题。他记录了不同季节，一天中不同时间，不同天气条件里，光线如何影响他对色彩的感知。

250

**幅《睡莲》**

## 痴迷

尽管他最初的原则是完全在室外作画，但在晚年时，莫奈在画室里根据自己的记忆或草图、照片埋头创作，并不断地精练和修改。

25

**幅《干草垛》**

# 嗜烟

莫奈在他成年后的大部分时间里都在抽烟——在1915年的一部无声电影中，有一个莫奈在花园里叼着烟画睡莲的长镜头。在结尾镜头莫奈离开时，他从上衣口袋中拿出一包烟，在里面掏出一支。莫奈最终死于肺癌。

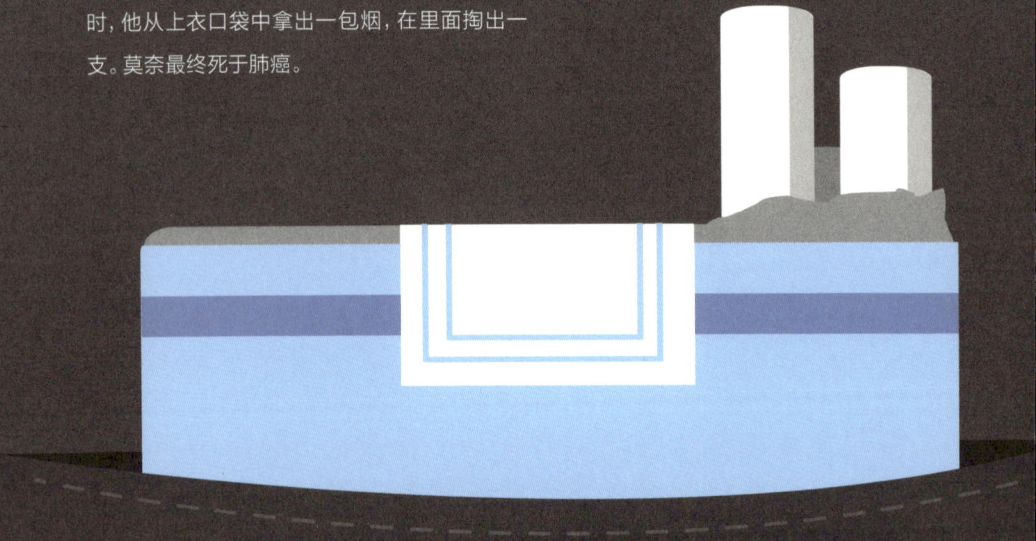

# 其他一些烟鬼……

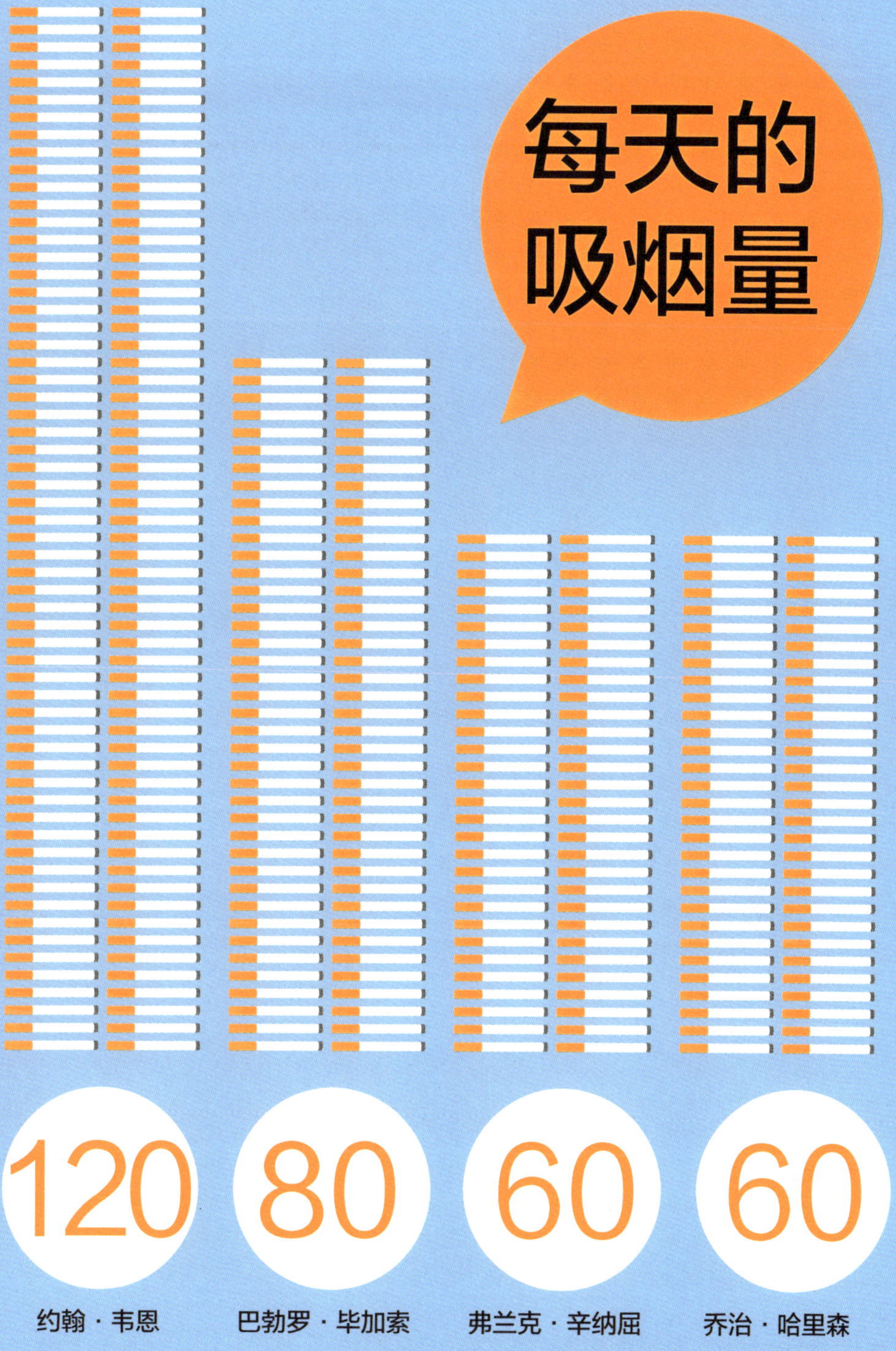
每天的吸烟量
120
约翰·韦恩
80
巴勃罗·毕加索
60
弗兰克·辛纳屈
60
乔治·哈里森

# 莫奈的浮世绘

莫奈是在荷兰的一家香料店里第一次见到被用作包装纸的浮世绘，在此之后，他就十分热衷于收藏日本的浮世绘。尽管莫奈从未去过日本，但他的生活中日本元素随处可见。这些日本特有的植物品种，以及来自“旭日之国”的花园风格，都是他的吉维尼花园中不可或缺的一部分。他所画的横跨于睡莲池上方的绿色拱桥，和歌川广重于1856年所作的《龟户天神社园内》有明显的相通之处。

莫奈总共收藏了

**231**

**幅浮世绘**

**36** 共有36个艺术家，其中包括浮世绘三杰。

▲ **《日本桥》**
布面油彩，1899年
36 英寸x 29 英寸 (92cm x 73 cm)

“在西方，我们最欣赏的是这种大胆的图像复制的方式

教会我们不同的创作方式。”

**——莫奈致德特雷维斯公爵，吉维尼 1920**

▲ **《龟户天神社园内》**
木版印刷， 1856年
13英寸x 9英寸 (34 cmx 22 cm)

这些影响了莫奈和其他印象派画家的精美版画被称为“浮世绘”，即“尘世中的图画”。从17世纪到19世纪，这些版画在西方商人阶层里十分流行，主要描绘一些享乐场景，主题包括日本历史、民间故事、旅途风景、植物和动物、美女、歌舞伎、相扑选手和色情书籍。

# 5件关于莫奈你不了解的事情

## 01 无神论者

尽管莫奈曾受洗成为天主教徒，但在后来的生活中，他谴责了教会，并成为一名无神论者。

## 02 死亡面具

莫奈画了临终时的卡米耶：

“我终日迷恋色彩，它给我带来欢乐和折磨。如此这般，以至于有一天我意识到，当我一直深爱的女人临终时，我竟本能地端详她那已无表情的脸庞，寻找死亡带来的渐变色彩。”

——莫奈致乔治·克列孟梭，1926年

## 03 赖床

在天气不好的日子里，由于不能在户外画画，莫奈就会变得很失落，甚至不愿起床。

## 04 午餐

莫奈在吉维尼家里的午餐时间是在上午11：30，如此一来，他便能最大程度地利用下午的光线。他的客人们也从来没有被邀请吃过晚饭，因为莫奈晚上9点就上床休息了，然后在黎明时分，他会起床继续画画。

## 05 改道河流

莫奈挖掘埃普特河，将水引入他的水上花园这一行为触犯了法律，但是他的朋友乔治·克列孟梭是一位著名的记者、政治家和未来的法国总理，由于他介入帮忙，莫奈获得了河流改道的官方许可。

克劳德·莫奈

# 03

# 作品

“我追逐着琐碎的色彩，这是我自己的错，我想要捕捉那些微妙的变化。”

——克劳德·莫奈

# 影响因素

室外绘画，日本主义以及他在吉维尼的家和花园，这些因素结合起来影响着莫奈的创作。

他渴望记录周围的环境，并把对不断变化的天气和气候的感受注入到自己的作品中，这是一个他从未完全意识到的野心——当他的视力开始衰退时，他妥协了——所以他把自己的院子设计成他所珍爱的花园的样子，在那里他仍然可以在室外作画，但他和他的画布却退到了通风的工作室里，然后继续修改、创作。

东方美学不仅体现在他的花园设计中，例如睡莲池塘和日本桥，还体现在他的画作里——例如长条式的“浮世绘”原则（《电灯花》，1883年），围绕主题的紧密裁剪（《诺曼底象鼻山》，1883），不对称的构图（《工作船》，1876），甚至是空气透视（《卡普希纳林荫大道》，1873-1874）。

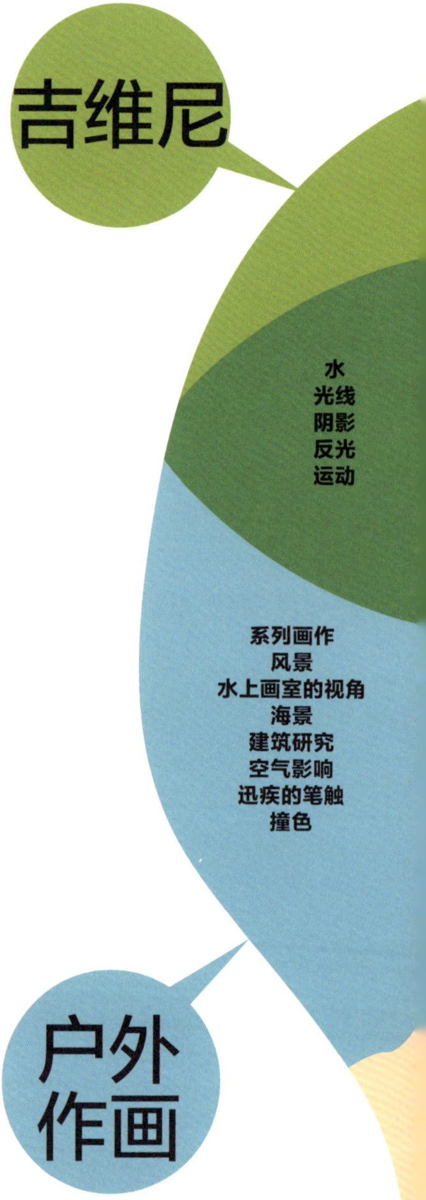

**嘉年华大道**
布面油画，1873年
32英寸×24英寸
（80cm×60 cm）

园艺
种植计划
景观美化
水园
日式桥
睡莲
异国情调的植物
东方装饰风格
日本
主义
克劳德
莫奈
浮世绘
构图
裁剪
日常生活主题
色彩

# 作品分析1

阿让特伊位于风景如画的塞纳河畔，距离巴黎西北部6.8英里（11公里）。在19世纪70年代初，阿让特伊成为印象派艺术家的艺术活动中心。莫奈和卡米耶在1872年从伦敦返回时定居在那里。莫奈常常会与他的朋友雷诺阿、马奈和西斯莱一起在河岸上画画。很少有一个地方像阿让特伊那样被如此详尽地表现出来，如画中的河景、桥梁、街道和花园等不同景象。

## 帆船

轻快的白色笔触和蓝色的色调捕捉着滑翔帆船和水手。

## 动势

莫奈的画从几码远的地方看出来，散发出阳光、反射和桥下潺潺流水的运动。

## 船

这艘黑色的船，些许偏离了画面中心，近处还有一根来自画外的桅杆，将画面视线集中在高高的河岸上，而艺术家则站在岸上画架的背后。

# 背景

在远处的河岸上，一笔色彩涂抹在了阳光照射下的人物身上，同时在树冠的阴影下，随着阳光愈加强烈，有一种深度的延伸感。

# 桥

这座将人们的视线吸引到画面中心的桥梁，它的坚固是通过明度较低的颜色来表示的，艺术家以此来暗示水面闪烁的倒影。

# 小划艇

许多根色彩线条融合在一起塑造出了一艘小船，以及遮阳伞阴影下的乘客。

# 笔触

近距离观察，这一场景被未经调和的蓝色、绿色、黄色和轻微的红色描绘而成，艺术家短促的笔触描绘了波光粼粼的水面及倒影，用更大更厚的笔触来表现背景中被风吹动的枝条。

**《阿让特伊的桥》** ▲
布面油彩， 1874年
23英寸 x 31 英寸 (60 cmx 79 cm)

# 莫奈的调色板

在他的职业生涯早期，莫奈使用黑暗的颜色，如在工作室的角落（1861），其中包含黑色的阴影，类似于他的朋友库尔贝和现实主义学校的风格，但他后来放弃了黑暗色调，并用一个纯粹的轻色调的调色板工作。布莱克很少被使用，灰色和暗色调（包括阴影）是用互补的颜色创建的，蓝色描绘了天空对表面的反射。在红色船，阿让特伊（1875），阴影是紫色的。

“至于我使用的颜色，那有什么有趣的？我不认为用另一种调色板可以画得更好或更鲜艳。关键是要知道如何使用这些颜色，当所有人都说了和做了之后，选择哪一种颜色都是习惯问题。不管怎样，我使用的是雪白、镉黄、朱红、深茜草色、钴蓝、翠绿，就这些颜色。”

——克劳德·莫奈，1905

1870

1884

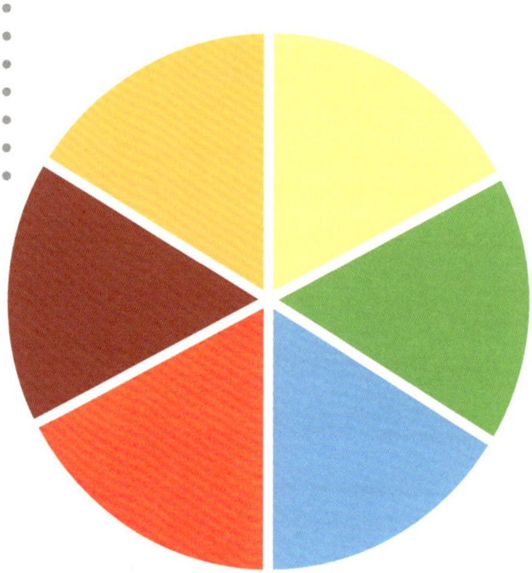

▲ **《阿让特伊》**
布面油彩， 1875年
22 英寸x 26 英寸 (56cm x 67 cm)

1905

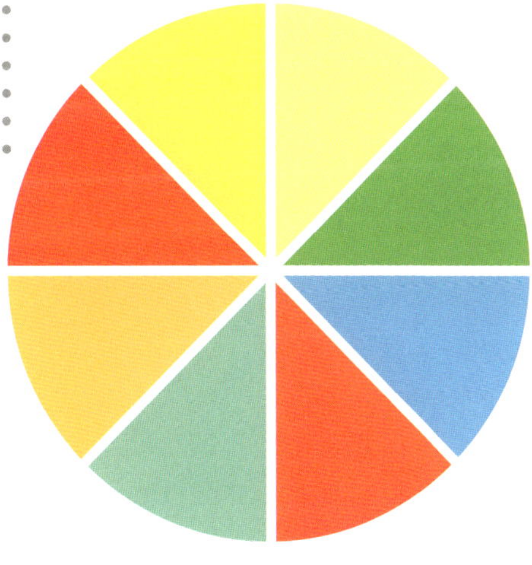

1919

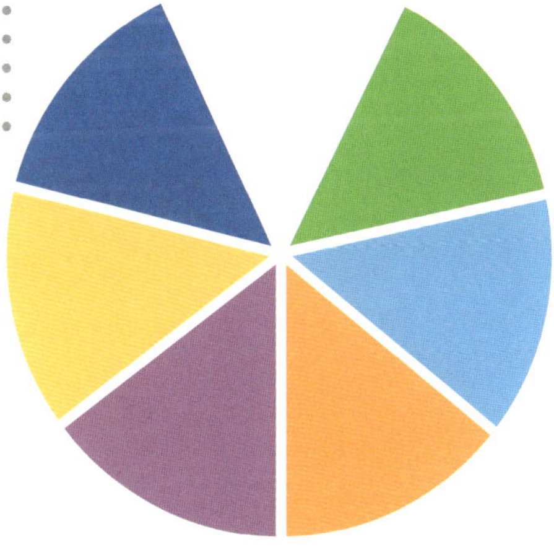

# 作品分析2

**《撑阳伞的女人》**
布面油彩， 1875年
39英寸 x 32 英寸
(100cm x 81 cm)

这幅早期印象派作品创作于莫奈最高产的一个时期。画面描绘了一个风和日丽的夏日，他的妻子卡米耶和他们的儿子让，在阿让特伊的家附近散步的情景。

## 快照

**这幅作品是莫奈后期系列画作的先导，他还创作了其他几幅油画，同样描绘的是散步的场景。莫奈就像是一个现代的摄影师在捕捉家庭快照。**

这个简洁而即兴的场景，可能在短短几个小时之内就被捕捉到了。

## 反射光

她的裙子上染上了周围野花的黄色。

## 阳伞

草地的绿色映射到阳伞的底部。

## 阴影

卡米耶的阴影投射到前面的草地和花朵上，给人一种强烈的三维空间感。

## 扭转的衣裙

她那扭转的裙子，一缕缕面纱，以及脚下翻滚的花朵，都透露出强烈的风的意象。

## 让

7岁的让的脸颊红扑扑的，在他周围的色彩里也有精致的光线和阴影。让站在上升地面的背后不远处，从而增加了画面的深度。

## 云彩

莫奈的笔触是轻快活泼的，使用的色彩也十分鲜艳。

## 卡米耶

卡米耶的姿势集中体现了印象主义“一瞥”的概念，即停滞的一瞬间。

## 光线

从较低的角度观察卡米耶，可以看到湛蓝的天空映着白云。逆光提亮了她的背部轮廓和遮阳伞的顶部。

## 再现

10年后，莫奈用两个类似的姿势再现了这个主题：他的第二任妻子爱丽丝的女儿苏珊娜撑着一把遮阳伞，在吉维尼的草地里漫步——一个面朝左，另一个面朝右。

# 重复表现

莫奈开始了他在农村和诺曼底海岸的工作生活。他在阿让特伊（一间漂浮在塞纳河上的工作室）、伦敦及荷兰锤炼了技巧之后，他意识到自己将在吉维尼和这个房子里工作并度过余生。在那里，莫奈创作了系列油画和不朽的经典画作，启发了他对自然以及时间流逝的感知力。

- 《干草垛》系列 (25)
- 《克勒兹河谷》系列 (10)
- 《白杨》系列 (24)
- 《鲁昂教堂》系列 (30+)
- 《塞纳河的清晨》系列 (19)
- 《查令十字桥》系列 (37)
- 《国会大厦》系列 (19)
- 12幅《睡莲》捐赠给了国家。

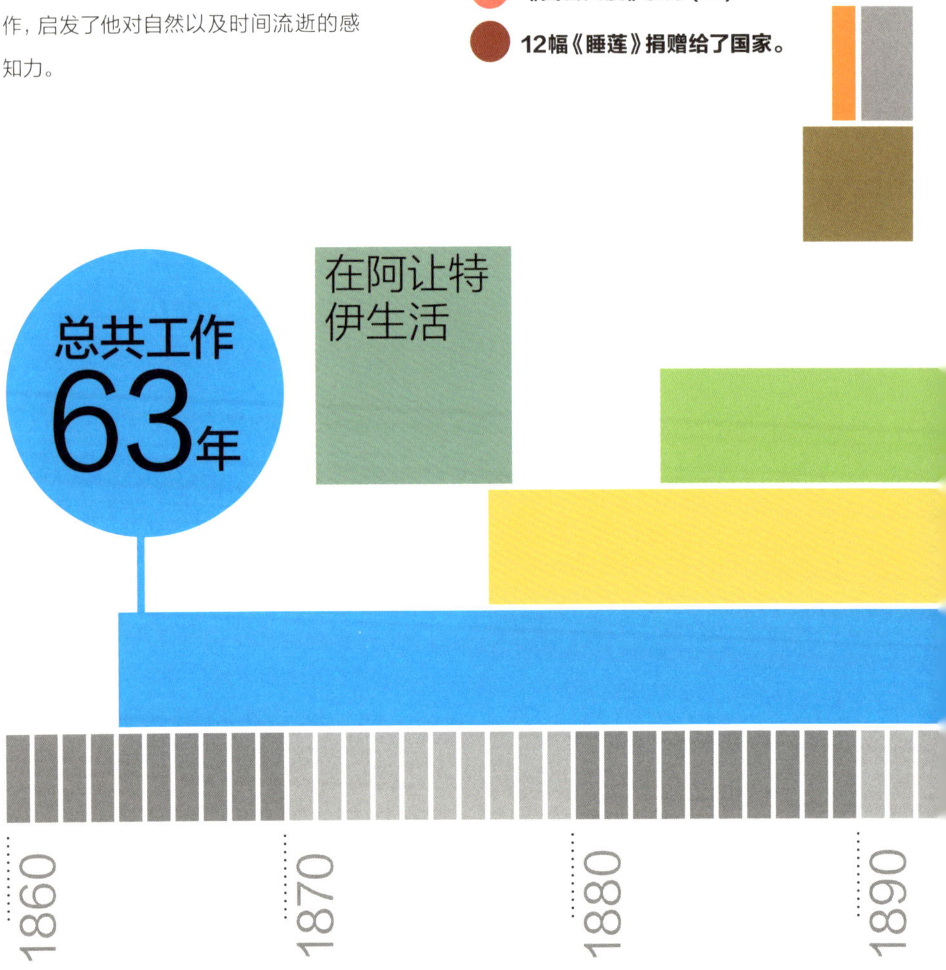

▲ **上午在塞纳河畔，吉维尼附近**
1897，布面油画

▲ **查令十字桥**
1903，布面油画

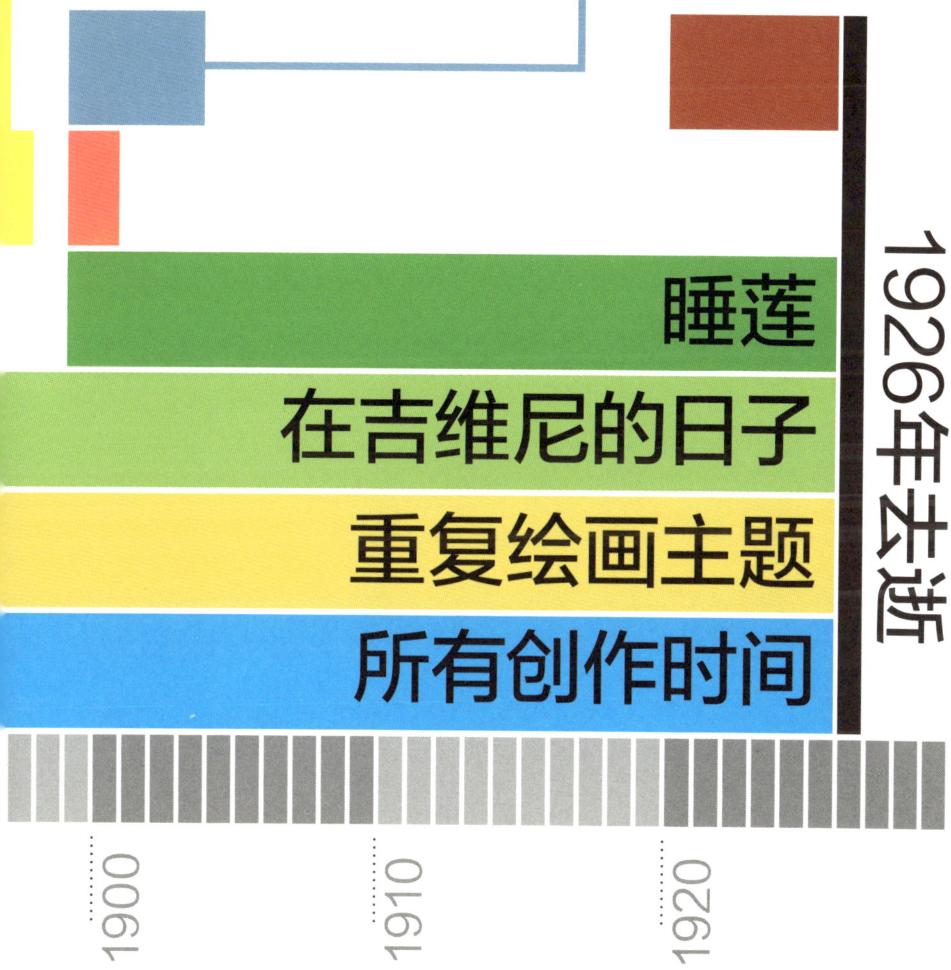

# 串联

在19世纪80年代之后数年里，莫奈回想了自己的一个习惯，他经常回到同一个地点，在不同的光线、天气、空气条件下，描绘同一个景色，这些被精心制作成了系列作品。

数十年间他创作了大量的母题，例如吉维尼田间的干草垛，而他第一个真正意义上的系列作品创作于1889年的冬季，诞生在法国中部的克勒兹河谷。他每天带着几个画板，当他察觉到光线变化时便会开始一幅新的作品。结果就是：以不同的色调、颜色和纹理表现相同的母题——即画作中的呈现出时间的流逝。

超过
35
年

超过
400
幅作品

8个主要
系列

克勒兹河谷
1889
10

干草垛
1890—1891
25

白杨
1891
24

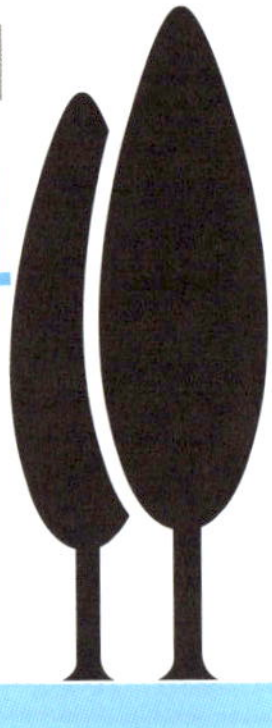

鲁昂大教堂
1892—1893/94
30+

塞纳河的清晨

1896—1897

19

国会大厦

1899—1901

19

查令十字桥

1899—1904

37

睡莲

1899–1926

250

# 莫奈的方法

莫奈几乎都是在油画布上作画。相较于古典绘画而言，他那松散而迅捷的用笔几乎不具有线条和形式的基础，并且使用的是未经调和的明亮色彩。

## 厚涂法

用刷子或调色刀在画布上涂上厚厚的一层颜料。

▲ **《干草垛，吉维尼的暮夏》**
布面油彩， 1891年
24英寸 x 39 英寸 (60cm x 100 cm)

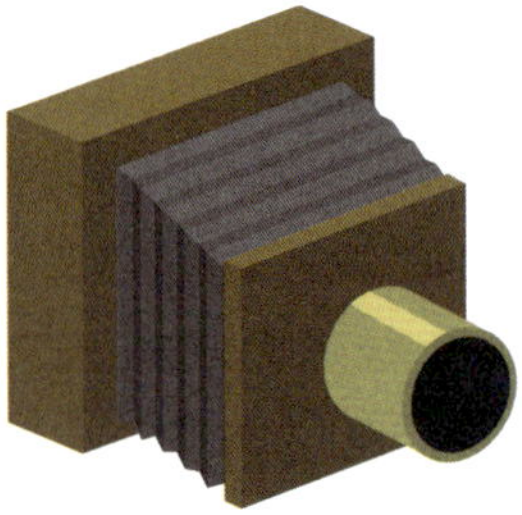

## 构图

古典绘画是由一个严格的几何公式组成的，其中有一个核心主题吸引着观者的注意力。而印象派的构图则用不同寻常的焦点来描绘瞬间的动作，就像照相机抓拍一样，有一种超越现实的感觉。

## 轻亮的背景

从传统来说，背景的颜色应该是红棕色或灰色，但莫奈用的是白色、浅灰色或浅黄色。

## 刷子毛

金属“套圈”的发明为扁平笔刷的生产以及点状笔触的出现提供了条件，这正是印象派技法的基础。

## 撞色

莫奈是在画布上而不是在调色板上混合颜料。他作品中的棕色可能包含红色、蓝色和黄色，但从远处看就会呈现出棕色。

## 罩色

莫奈使颜色淡褪的方法，是在深色上添加了一层破碎而潦草的斑点状淡色，以此来显示一种深度和变化。

## 混合

这些颜色并置在一起，很少或基本没有混合，或将湿颜料直接涂在未干的颜料上，从而使边缘变得柔和。

# 作品分析3

1893年，莫奈在吉维尼买下了他的地产，并开始了一项宏大的景观工程——这是一个壮观的睡莲池塘，一座日本桥横跨于水面之上。实际上，他是在假造自然，为他的创作提供一个主题来源。

在1899年的夏天，他开始创作了关于这座木桥18个不同角度的系列作品，其中的12幅令他满意。《日本桥》因其垂直的形式而不同于该系列中其他的作品，这是因为受到浮世绘的影响，莫奈把注意力集中在池塘的倒影上。

## 背景

背景中的垂柳、枫树、竹子和日本牡丹凸显了画面中的日本桥，而中央较暗的部分则暗示了画面的深度。

## 桥

这座桥的结构虽然在画面里看上去很坚固，但它的结构是由浅灰和深绿色的短促笔触画成，这些笔触带有一种不确定性。另外，画家还使用明亮的白色和淡红色来表现水面的反射光。

## 睡莲

睡莲由白色的点状笔触画成。

## 莲叶

厚厚的黄色、粉红色和红色的颜料水平涂覆，下方有深色笔触画出的阴影，聚合成精致的莲叶，似乎漂浮在池塘表面，给人一种池塘水深的感受。

## 水

当仔细观察时可以发现，镜面般的水面主要是由纯色的垂直笔触所作成，映照出池塘周围的树叶和天空上蓝色的微光。

**《日本桥》** ▲
布面油彩， 1899年
36英寸 x 29 英寸 (92 cmx 73 cm)

# 池塘的生活

“……水面给人无边无际的错觉。”

——克劳德·莫奈

## 在近30年的时间里，莫奈画了250幅《睡莲》

250

= 1幅画

尽管吉维尼花园中的睡莲早在1895年就已经成为了一个绘画题材，但直到1902年，他才开始《睡莲》系列画的创作。这些画作既有小型的油画，又有大型的壁画，表现了波光潋滟的水面，上面反射出周围树木与葱郁河岸的倒影，包括水下植物的叶子，以及天上的云朵。

1915年，莫奈设计了他的“大型装饰作品”，这是一系列具有纪念意义的睡莲画作，在一个椭圆形的房间中展示，以创造一个包围观众的全景效果。这幅画现存放在巴黎橘园美术馆两个椭圆形的展厅里。

**《蓝色睡莲》**
布面油彩， 1916－1919年
79 英寸x 79 英寸
(200 cmx 200 cm)

# “大”的概念

莫奈的许多画作在规模上确实雄心勃勃，这就要求他定制一个工作室，用巨大的屋顶灯光来提供充足的照明。

**《草地上的午餐》（左边的油画板）**
(1865—1866年)
165英寸 x 59 英寸
(418cm x 150 cm)

**《小路上的鸢尾花》**
(1914年)
78英寸 x 71 英寸
(200 cmx 180 cm)

**《睡莲：清晨与柳树》**
(1915—1926年)
78 英寸x 502 英寸
(200 cmx 1275 cm)

## 巨大的《波浪》

罗地亚艺术家希罗格拉维克绘制的《波浪》。它的高度为2万英尺(6100米)，高59—67英寸(1.5—1.7米)，面积达10800平米，重量超过11000磅(5000公斤)，有超过5510磅(2500公斤)的油漆。

克劳德·莫奈

# 04

# 遗产

“他将会在卢浮宫，我确定，与康斯太勃尔和透纳一起。该死，他甚至更厉害。他描绘的是彩色的大地。”

——保罗·塞尚

# 主要作品

| | |
|---|---|
| 19世纪50年代 | 漫画 |
| 1858 | 鲁埃莱村的风景，勒阿弗尔 |
| 1864 | 在翁弗勒尔拉船 |
| 1865 | 草地上的午餐，中间的油画板 |
| | 翁弗勒尔塞纳河河口 |
| 1866 | 穿着绿衣的卡米耶 |
| | 花园里的女人 |
| 1867 | 圣阿德雷斯的花园 |
| 1868 | 翁弗勒渔船 |
| | 布吉瓦尔塞纳河上的浮冰 |
| | 班尼库尔的河景 |
| | 塞纳河河口 |
| 1869 | 格雷鲁依尔浴场 |
| | 戴着绒球帽子的让·莫奈 |
| | 埃特尔塔(象鼻山)旁波涛汹涌的大海 |
| | 布吉瓦尔大桥 |
| | 晚餐 |
| 1870 | 特鲁维尔退潮时的防波堤 |
| | 莫奈夫人（戴红色斗篷的女子） |
| | 特鲁维尔海滩 |
| | 恶劣天气下勒阿弗尔的码头 |
| 1871 | 伦敦港都船只 |
| | 格林公园 |
| | 阿赫特赞的房屋 |
| | 赞丹赞河旁的房屋 |
| | 坐在沙发上发呆的莫奈夫人 |
| | 赞丹蓝房子 |
| | 伦敦泰晤士河 |
| 1872 | 阿让特伊的塞纳河 |
| | 骑木马的让·莫奈 |
| | 塞纳河风光 |
| | 日出·印象 |

| | |
|---|---|
| 1873 | 卡米耶与儿子在阿让特伊花园 |
| | 公园长椅上的卡米耶 |
| | 阿让特伊的艺术家园 |
| | 午餐 |
| | 阿让特伊附近的罂粟 |
| 1874 | 卡普辛的林荫大道 |
| | 船上工作室 |
| 1875 | 撑洋伞的女人 |
| 1876 | 穿日本和服的莫奈夫人 |
| | 火车到达圣·拉扎尔火车站 |
| 1877 | 圣·拉扎尔火车站 |
| 1880 | 布兰奇·霍斯盖 |
| 1885 | 象鼻山和针型岩石 |
| 1886 | 撑洋伞面向左边的女子 |
| 1891 | 深夏晨光中的干草垛 |
| | 秋天厄普特河两岸的白杨 |
| 1893 | 鲁昂大教堂 |
| 1898 | 查令十字桥 |
| 1899 | 睡莲和日本桥 |
| 1901 | 夜间莱斯特广场 |
| 1904 | 雾中的国会大厦 |
| 1907 | 睡莲 |
| 1908 | 达理奥宫 |
| | 威尼斯运河与安康圣母教堂 |
| 1913 | 吉维尼的家 |
| 1916 | 蓝色睡莲 |
| 1917 | 黄色鸢尾花和粉色的云 |
| 1920–1926 | 睡莲池塘 |
| 1922 | 玫瑰架下的道路 |
| 1926 | 吉维尼的日本桥 |
| | 傍晚的睡莲池塘 |

**浪漫主义**
(1780—1850)

**现实主义** (19世纪40年代—19世纪80年代)

**印象派**
(1872—1892)

**后印象派早期**
(19世纪80年代—1914)

**象征主义**
(1880—1910)

**现代艺术**
(1860—1960)

**新艺术**
(1890—1905)

**野兽派**
(1905—1910)

**表现主义**
(1905—1933)

**立体主义**
(1907—1922)

**未来主义**
(1909—20世纪20年代晚期)

**达达主义**
(1916—1924)

**包豪斯**
(1919—1933)

# 莫奈在艺术史上的地位

## 这里开始

**新古典主义**
**1770—1860**
雅克-路易斯·大卫
贾德·安格尔
约书亚·雷诺兹
伊丽莎白·维格·勒布伦

**浪漫主义**
**1790—1850**
弗朗西斯科·戈雅
威廉·布莱克
欧仁·德拉克罗瓦
卡斯帕·大卫·弗雷德里希

从历史的角度来看，莫奈和那些开创性的印象派艺术家都处在艺术戏剧化变革时期的中心。　这种变革开始于18世纪的浪漫主义者的新古典主义的再造，新古典主义严谨地描绘古典事件、人物和主题，并突出了史诗性的英雄元素。

现实主义者和他们对日常生活的记录，源于19世纪工业和社会条件的迅速变化，以及浪漫主义的衰落。

这反过来又导致印象派画家试图以一种松散而自由的风格来捕捉稍纵即逝的光线。他们使用明亮的工业颜料，最终为更抽象的艺术方法创造了条件。在20世纪，艺术的取材越来越远离自然，产生了非现实情感和超现实主义的表达。

**象征主义**
**1886—1900**
古斯塔夫·莫罗
阿诺德·勃克林
费迪南德·霍德勒
马克斯·克林格尔

**野兽派**
**1905—1907**
亨利·马蒂斯
阿尔伯特·马尔凯
莫里斯·德·弗拉曼克
安德烈·德朗

**表现主义**
**1890—1933**
文森特·凡·高
保罗·高更
爱德华·蒙克
埃贡·席勒

**立体主义**
**1907—1914**
巴勃罗·毕加索
乔治·布拉克
胡安·格里斯
费迪南·莱热

**达达主义**
**1916—1924**
汉斯·阿尔普
马塞尔·杜尚
马克斯·恩斯特
弗朗西斯·皮卡比亚

**超现实主义**
**1924—2004**
曼·雷
勒内·马格里特
萨尔瓦多·达利
伊夫·唐吉

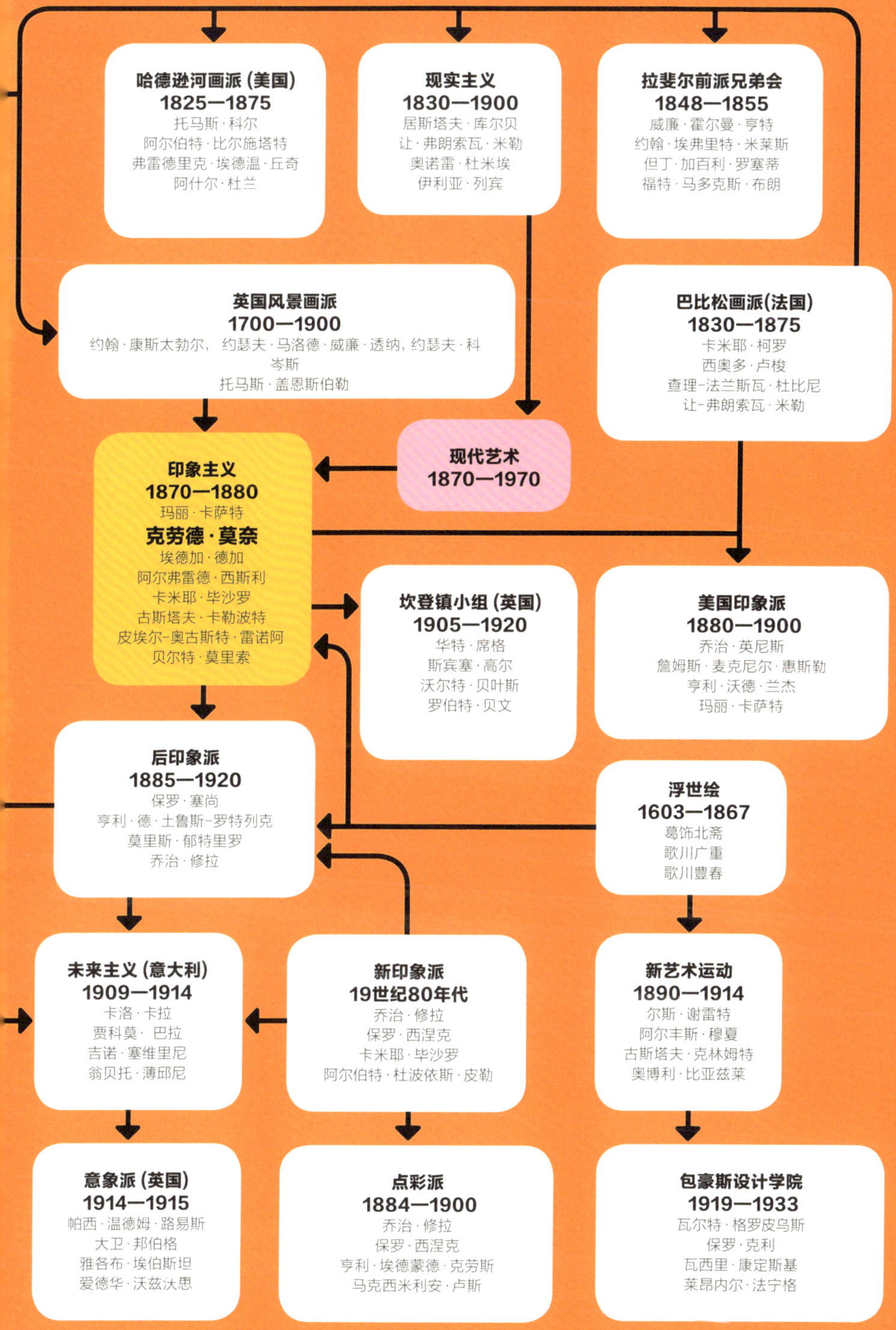

哈德逊河画派（美国）
1825—1875
托马斯·科尔
阿尔伯特·比尔施塔特
弗雷德里克·埃德温·丘奇
阿什尔·杜兰
现实主义
1830—1900
居斯塔夫·库尔贝
让·弗朗索瓦·米勒
奥诺雷·杜米埃
伊利亚·列宾
拉斐尔前派兄弟会
1848—1855
威廉·霍尔曼·亨特
约翰·埃弗里特·米莱斯
但丁·加百利·罗塞蒂
福特·马多克斯·布朗
英国风景画派
1700—1900
约翰·康斯太勃尔，约瑟夫·马洛德·威廉·透纳，约瑟夫·科岑斯
托马斯·盖恩斯伯勒
巴比松画派(法国)
1830—1875
卡米耶·柯罗
西奥多·卢梭
查理-法兰斯瓦·杜比尼
让-弗朗索瓦·米勒
印象主义
1870—1880
玛丽·卡萨特
克劳德·莫奈
埃德加·德加
阿尔弗雷德·西斯利
卡米耶·毕沙罗
古斯塔夫·卡勒波特
皮埃尔-奥古斯特·雷诺阿
贝尔特·莫里索
现代艺术
1870—1970
坎登镇小组（英国）
1905—1920
华特·席格
斯宾塞·高尔
沃尔特·贝叶斯
罗伯特·贝文
美国印象派
1880—1900
乔治·英尼斯
詹姆斯·麦克尼尔·惠斯勒
亨利·沃德·兰杰
玛丽·卡萨特
后印象派
1885—1920
保罗·塞尚
亨利·德·土鲁斯-罗特列克
莫里斯·郁特里罗
乔治·修拉
浮世绘
1603—1867
葛饰北斋
歌川广重
歌川豊春
未来主义（意大利）
1909—1914
卡洛·卡拉
贾科莫·巴拉
吉诺·塞维里尼
翁贝托·薄邱尼
新印象派
19世纪80年代
乔治·修拉
保罗·西涅克
卡米耶·毕沙罗
阿尔伯特·杜波依斯·皮勒
新艺术运动
1890—1914
尔斯·谢雷特
阿尔丰斯·穆夏
古斯塔夫·克林姆特
奥博利·比亚兹莱
意象派（英国）
1914—1915
帕西·温德姆·路易斯
大卫·邦伯格
雅各布·埃伯斯坦
爱德华·沃兹沃思
点彩派
1884—1900
乔治·修拉
保罗·西涅克
亨利·埃德蒙德·克劳斯
马克西米利安·卢斯
包豪斯设计学院
1919—1933
瓦尔特·格罗皮乌斯
保罗·克利
瓦西里·康定斯基
莱昂内尔·法宁格

# 他自己最差的评论

15 1908年，其中15幅受损的作品价值

100000美元

今天已经值

263157895美元了！

尽管他画中吉维尼的景色都很平静，但在1908年和1909年期间，莫奈亲自毁了他的30多幅《睡莲》——这都是他八年来的劳动成果——莫奈用刀将它们刺破，因为他觉得这些画不够好，不足以展示给公众和评论家看。

**超过**

**30** **幅《睡莲》遭到毁坏**

# 其他一些毁坏自己作品的艺术家…

## 弗朗西斯·培根

(1909—1992)

这位爱尔兰出生，但有着英国人形象的艺术家毁了他自己早期的作品。在他去世之后，他的工作室里被发现有100幅砍坏的油画。

## 巴勃罗·毕加索

(1881—1973)

当他在艺术上挣扎时，这位西班牙艺术家会抹去他不喜欢的画，因为他买不起新的画布。

# 许多个莫奈？

## 克劳德·莫奈

## 文森特·凡·高

也许毕加索是最具有活力的……

## 巴勃罗·毕加索

尽管莫奈有惊人的创作量，他和其他著名艺术家相比而言呢？

2500 : 40 : 62.5

幅画 : 年 : 平均每年62.5幅

= 100 幅画

2100 : 10 : 210

幅画 : 年 : 平均每年210幅

= 100 幅画

13500 : 75 : 180

加上10000件版画，34000张图书插图和300件雕塑和陶瓷

幅画 : 年 : 平均每年180幅

= 250 幅画

# 莫奈在何处?

莫奈如此多产，以至于在欧洲甚至其他地区的许多美术馆和博物馆中都可以看到这位伟大的印象派画家的作品。这里有一些主要永久陈列这位艺术家的作品的博物馆、美术馆。

**美国国家美术馆，华盛顿，美国**

包括:
阿让特伊 (1872)
邻近鲁昂塞纳河上的小船 (1872—1873)
塞纳河岸，韦特伊附近 (1880)
鲁昂大教堂的西立面 (1894)
滑铁卢大桥 (1894)

**波士顿美术馆，波士顿，美国**

## 32 件作品

包括:
穿着日本和服的卡米耶 (1876)
阿让特伊莫奈花园里的卡米耶和孩子 (1875)
睡莲 (1905)
雪地里的干草垛 (1891)
鲁昂大教堂（各种方面）

**纽约大都会艺术博物馆，纽约，美国**

## 28 件作品

包括:
圣·阿德雷斯的花园 (1867)
睡莲池塘上的桥 (1899)
阿赫特赞的房屋 (1871)
阿让特伊附近的野生罂粟 (1875)
吉维尼附近塞纳河上的早晨 (1897)
鲁昂大教堂：阳光下的大门 (1894)
公园长椅上的卡米耶 (1873)
兰克勒彻医生 (1864)

**苏格兰国立美术馆，爱丁堡，苏格兰**

雪地里的干草垛 (1800)

**英国国家美术馆，伦敦，英国**

蛙塘 (1800)

**泰特美术馆，伦敦，英国**

睡莲 (1916年后)

**圣保罗艺术博物馆，圣保罗，巴西**

日本桥 (1920-1924)
厄普特河上的船只 (1890)

**玛摩丹美术馆，巴黎，法国**

## 94 幅油画， 29幅素描
## 2 个艺术家的调色板

印象 (1872)
日出·印象 (1872)
睡莲 (1915)

**鲁昂美术馆，法国**

鲁昂大教堂 (1894)
塞纳河港口 (1894)
1878年6月30日圣丹尼斯大街 (1878)

**奥赛美术馆，巴黎，法国**

## 88 件作品

包括：
草地上的午餐 (1865)
花园里的女人们 (1866)
喜鹊 (1869)
罂粟花 (1873)
鲁昂大教堂 (1893)
(另外还有一些早期精选作品)

**韦尔农博物馆，韦尔农，法国**
(距离吉维尼3英里/5公里)

睡莲 (1908) (循环工作)
布维尔悬崖的夕阳 (1896)
(布兰奇·霍斯盖·莫奈也画过这个场景)

**克罗勒·穆勒博物馆，奥特罗，荷兰**

**工作船** (1874)
**斯塔德特女士的肖像** (1871)

**国立西洋美术馆，东京，日本**

## 16 件作品

包括：
布维尔的大风浪 (1897)
阿让特伊的雪景 (1875)
睡莲 (1916)
阳光下的白杨 (1891)
查令十字桥 (1902)
黄色鸢尾花 (1800)
韦特伊 (1800)

**橘园美术馆，巴黎，法国**

**明星作品：**
睡莲 (1800)
(8幅作品放在两个连续的椭圆形房间里，用自然光照明)

**美术馆，不来梅，德国**

《在绿色着装》(1866)

**澳大利亚国立美术馆，堪培拉，澳大利亚**

中午的干草垛 (1800)
睡莲 (1914—1917)

# 莫奈的关键词

印象·日出

伦敦

烟鬼 光线 蛙塘 油画布

肺癌 遮阳伞

伤寒 莫奈 铅白 镉黄

赞丹 卡勒波特 纳达尔

日本桥 撞色 风车

系列作品

阿让特伊 厚涂法

鲁昂大教堂

雕塑

深茜草色
干草垛
巴拿马帽
讽刺漫画家
特鲁维尔
图卢兹
巴黎
胡须
着迷
朱红
户外
扎园
塞纳河
雷诺阿
印象主义
顽固的
卡米耶
钴蓝
睡莲
普瓦西
维特伊
野生罂粟花
入浴者

# 金钱，金钱，莫奈

《干草垛》（1891）于2016年在伦敦佳士得拍卖时，成为了莫奈最贵的作品。如此高昂的价格，远远高出莫奈第二高价的作品100万美元。然而，这个价格不足以使莫奈去世之后进入有史以来最昂贵的绘画作品名单，这张名单的起价是1.52亿美元，最高的有3亿美元。

莫奈价格最高的五幅作品，主要有他后期创作的三幅睡莲油画作品，还有一幅早期画的阿让特伊的铁道桥。

01

**《你何时结婚？》**
**保罗·高更**
1892，2015售出
3亿美元

02

**《玩纸牌的人》**
**保罗·塞尚**
1892-1893，2011售出
2.74亿美元

03

**No.6（紫色，绿色和红色）**
**马克·罗斯科**
1951，2014售出
1.86亿美元

04

**《阿尔及尔女人》（O版）**
**巴勃罗·毕加索**
1955，2015售出
1.793亿美元

05

**《人体》**
**阿梅代奥·莫迪里阿尼**
1917-1918，2015售出
1.704亿美元

06

**1948**
**杰克森·波洛克**
1948，2006售出
1.654亿美元

07

**《女人III》**
**威廉·德·库宁**
1954，2006售出
1.625亿美元

08

**《梦》**
**巴勃罗·毕加索**
1932，2013售出
1.585亿美元

09

**《艾蒂儿·布洛赫-鲍尔肖像一号》**
**古斯塔夫·克里姆特**
1907，2006售出
1.584亿美元

10

**《加歇医生》**
**文森特·凡·高**
1890，1990售出
1.52亿美元

3亿美元

2.74亿美元

1.86亿美元

1.793亿美元

1.704亿美元

1.654亿美元

1.625亿美元

价格根据通货膨胀进行了调整，截至2015年2月

1.585亿美元

1.584亿美元

1.52亿美元

# 莫奈最昂贵的作品

01 8040万美元 《睡莲池》(1919)

02 5390美元 《睡莲》(1906)

03 4370美元 《睡莲》(1905)

04 4140万美元 《阿根蒂尔铁路桥》(1873)

05 3660万美元 《睡莲》(1904)

# 莫奈的房子和花园

## 大工作室

大工作室是莫奈创作他著名的大幅睡莲的地方。

## 计划的关键

- A 房子
- B 大工作室
- C 第二工作室
- 花坛
- D 日本桥
- E 睡莲池
- F 垂柳
- G 大花园

# 吉维尼，诺曼底

莫奈是一个充满热情和有着丰富知识的园丁，他从专家那里获得种子和植物，并进口稀有的样品。他雇了六个园丁——还有他的家人的帮助——但他都亲自锄草和浇花。

当莫奈于1926年去世时，他在世的儿子米歇尔继承了莫奈在吉维尼的财产。当他忙于组织非洲狩猎之旅时，布兰奇·霍斯盖·莫奈和首席园丁路易斯·勒布莱特成为了这处房产的保管人。在布兰奇1947年去世的时候，花园几乎被遗弃了。当米歇尔在1966年的一次车祸中去世的时候，这些财产和收藏品无人继承，因此都捐赠给了国家美术学院。

从1977年起，杰拉尔德·范德卢伊顿在美国捐助人的帮助下，在重建房屋和花园方面起了关键作用。1980年6月1日，随着莫奈基金会的创立，此处房产向公众敞开了大门。

**平均每年**
**500000**
**游客**

# 小传

**乔治·克列孟梭**
**(1841—1929)**
在第一次世界大战期间领导国家的法国政治家，于1906—1909年和1917—1920年间担任总理。他是莫奈的挚友，1923年他说服莫奈进行白内障手术。

**古斯塔夫·杰夫洛瓦**
**(1855—1926)**
作为印象派运动的拥护者之一，这位巴黎记者、艺术评论家、历史学家和小说家于1886年在布列塔尼附近的贝尔勒-勒尔-埃尔默尔岛上帮助了莫奈，当时莫奈正在描绘海岸岩石的形态。

**乔治·德·贝利奥**
**(1828—1894)**
贝利奥是罗马尼亚血统的顺势疗法医师，也是印象派最早的收藏家之一。他是莫奈、马奈、毕沙罗、西斯莱和雷诺阿的朋友和医生，他在1874年的展览上买了《日出·印象》。

**保罗·杜兰德鲁-埃尔**
**(1831—1922)**
作为第一位支持印象派艺术家的法国艺术品经销商，普法战争期间，他在伦敦避难时，遇见了同在伦敦的莫奈。他的第一个大型印象派绘画展览在伦敦新邦德街举行。

**欧仁·布丹**
**(1824—1898)**
海景画家布丹是法国第一批室外风景画家之一，他与18岁的莫奈结为好友，并劝说莫奈放弃他的漫画作品，转向钟情于风景画。他们是相交一生的朋友。

**皮埃尔·奥古斯特·雷诺阿**
**(1841—1919)**
莫奈和雷诺阿在1862年学习艺术时相遇，他们经常站在一起画相同的景色，虽然二人同时在印象派的发展中发挥了重要作用，但雷诺阿以其精美的具体形象作品而闻名。

**让·弗雷德里克·巴齐耶**
**(1841—1870)**

巴齐耶出生于一个富裕的家庭，他在医学考试失败后开始学习艺术。当他在夏尔·格莱尔的工作室学习时，他成为莫奈的亲密朋友，并慷慨地支持这位不那么富裕的朋友。只是他在28岁时就去世了。

**爱丽丝·霍斯盖**
**(1844—1911)**

爱丽丝是百货店老板欧内斯特的妻子，也是他六个孩子的母亲。在1877年，霍斯盖家和莫奈的家庭合并之后，人们怀疑莫奈是否为那年出生的让·皮埃尔的父亲。爱丽丝在1891年和莫奈结婚。

**古斯塔夫·卡勒波特**
**(1848—1894)**

卡勒波特出生于一个巴黎上流社会家庭，所以他有足够的金钱支持自己的艺术生涯。他自己的风格更多地归功于现实主义，但他是印象派艺术家的坚定支持者。他帮助莫奈租了工作室，并于1875年购买了他的第一部作品。

**布兰奇·霍斯盖·莫奈**
**(1865—1947)**

布兰奇嫁给莫奈的儿子让，成为了莫奈的继女和儿媳妇。她变成了莫奈的助手和学生，在她的母亲和丈夫去世后，她回到吉维尼照料莫奈的余生。

**卡米耶-莱奥妮·东西厄**
**(1847—1879)**

在卡米耶十几岁的时候，她为雷诺阿、马奈和她未来的丈夫克劳德·莫奈做模特。她在1867年为莫奈生了第一个儿子让，并在1878年生了第二个孩子米歇尔。由于身体不好，她被爱丽丝照料着。1879年卡米耶去世，原因不明，可能是盆腔癌或肺结核。

**苏珊娜·霍斯盖·莫奈**
**(1864—1899)**

爱丽丝和欧内斯特的大女儿苏珊娜成为她未来的继父莫奈最喜欢的模特——1886年莫奈创作的《遮阳伞的女人》。她于1892年与美国印象派艺术家西奥多·厄尔·巴特勒结婚。

● 家人
● 朋友

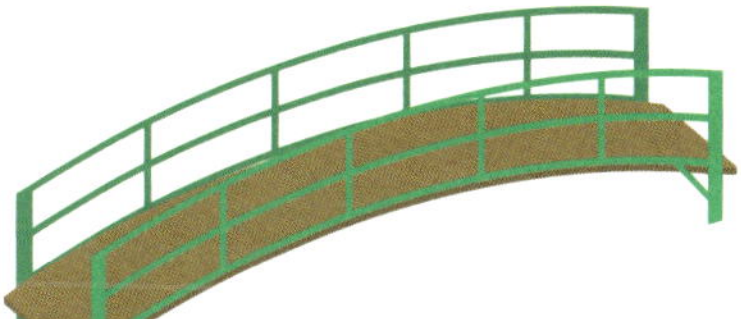